BAD MOMS

Du bist *nicht* die schlimmste Mutter der Welt

Ein lustiges **Geschenkbuch,** das **Müttern** zeigt, dass sie **besser** sind, als sie denken

Bettina Rudolph

Bettina Rudolph, 1. Auflage 2024
fungo Verlag
ISBN: 978-3-9825983-9-0
Vertreten durch: Anna Kastner,
Steigerstr.5, 45711 Datteln

An alle Mütter da draußen, die sich manchmal fragen, ob sie den Dreh raus haben - ihr seid wie Einhörner: einzigartig, magisch und in den Augen eurer Kinder absolut fantastisch. Dieses Buch soll euch daran erinnern: Selbst wenn das Chaos regiert, seid ihr die Superheldinnen im täglichen Abenteuer des Mutterseins!

Scanne den QR-Code unten und melde dich für den Newsletter des fungo Verlags an. Als Geschenk gibt es außerdem ein paar lustige Poster zum Download.

INHALTSVERZEICHNIS

Die Vorstellung von deiner Mutterschaft 8

Die Realität 16

Es gibt schlimmere Mütter als dich. 22

Du bist eine fantastische Mutter 44

Du bist die wahre Super-Mama 50

Und die Moral von der Geschichte?. 54

EINLEITUNG

Holy Moly!

Was für ein Tag schon wieder. Nichts geschafft und trotzdem ausgelaugt.

Die Kinder liegen ungewaschen im Bett. Zum Essen gab es wieder trockene Nudeln und du fragst dich, ob man heutzutage noch an Skorbut erkranken kann. Wenn ja, dann wären deine Kinder die ersten.

Du liegst auf dem Sofa und starrst auf dein Handy. Du googelst: "Wie kann ich eine bessere Mutter sein? Das Internet ist voll mit Tipps und Tricks. Du liest von Slow Parenting, bedürfnisorientierter Erziehung und Achtsamkeit.

Je mehr du liest, desto schlechter fühlst du dich. Vielleicht musst du dich nur ein bisschen mehr anstrengen. Vielleicht musst du dich nur etwas mehr organisieren, kommt es dir in den Sinn.

Ich glaube, ich bin wirklich die schlechteste Mutter der Welt.

Spoiler: Nein, bist du nicht. Vergiss die vorwurfsvollen Blicke von Dinkel-Dörthe, denn es geht noch viel schlimmer. In diesem Buch zeige ich dir ein paar Mütter aus dem Tierreich, die es wirklich verdient haben, Rabenmutter genannt zu werden. Und am Ende wirst du feststellen: So schlimm bist du gar nicht.

Die Vorstellung von deiner Mutterschaft

Verliebt schaust du deinen Partner an und streichelst über deinen Babybauch. In dir wächst ein kleiner Mensch heran.

„Wir werden eine tolle kleine Familie sein“, sagst du zu ihm.

Wir werden gemeinsam kuscheln.

Wir werden gemeinsam lachen.

Wir werden viele schöne
Momente haben.

Ich werde meine Kinder mit den tollsten Gerichten verköstigen. Schließlich liegt mir eine gesunde Ernährung am Herzen.

Ich werde ihnen immer auf
Augenhöhe begegnen und ihre
Bedürfnisse respektieren.

Ich werde sie in ihren
Gefühlsausbrüchen immer
liebevoll begleiten.

Die Realität

Du schaust in den Spiegel,
doch du erkennst dich nicht wieder.
Wo ist die coole Frau von damals hin?

In einer Zeitschrift liest du
die Schlagzeile: „Die optimale
Schlafdauer des Menschen liegt
bei 7,5 Stunden pro Nacht."
Du fängst an hysterisch zu
lachen. 7,5 Stunden hast du
zuletzt vor 10 Jahren geschlafen.

Du blätterst weiter in der Zeitschrift. „Ein Erwachsener sollte mindestens 150 Minuten Sport in der Woche betreiben“, lautet eine weitere Schlagzeile. „Ob es wohl auch als Sport durchgeht, wenn ich die Waschmaschine befülle?“, fragst du dich selbst zynisch.

Apropos Waschmaschine.
Die gewaschene Wäsche liegt auch schon wieder zwei Tage in der Maschine. Du machst kurz einen Riechtest und beschließt sie nochmal laufen zu lassen.

Während du noch die
Waschmaschine anstellst,
hörst du ein unschönes
Geräusch aus dem Wohnzimmer.
Du lässt alles stehen und liegen,
um nachzusehen. Und dann
siehst du die Bescherung.
Dein Kind hat sich auf dem
Sofa übergeben.

Du schnappst dir dein Kind und stellst es unter die Dusche. Du willst die Kleidung in die Waschmaschine werfen, aber die ist schon voll. Deshalb wäschst du sie per Hand im Waschbecken.

Du gehst zurück ins Wohnzimmer und siehst, dass dem Hund das Erbrochene anscheinend auch gut schmeckt. „Immerhin muss ich den Hund nicht mehr füttern“, denkst du dir sarkastisch und merkst, wie auch bei dir der Würgereiz einsetzt, bei diesem Anblick.

Du holst Lappen und
Reinigungsmittel und versuchst
vom Sofa zu retten, was noch
zu retten ist. „Mama, ich habe
Hunger“, meckert dein Kind.

„Mist, Einkaufen vergessen!“, denkst du dir und schaust in der Küche nach etwas Essbarem. Schnell gibst du die Suche auf und drückst deinem Kind eine Tüte Chips in die Hand.

„Mama, ich will etwas spielen!“, ruft dein Kind, während du weiter versuchst, das Sofa zu retten. Du schaltest den Fernseher an und hoffst auf ein paar Minuten Ruhe.

Dein Handy klingelt. Annika vom Förderverein der Kita ist am Telefon. Sie brauchen ganz dringend Kuchenspenden für das Kita-Fest am Wochenende. Du lässt dich bequatschen und darfst für das kommende Wochenende drei Kuchen backen.

Du legst auf und ärgerst dich über dich selbst und deine Unfähigkeit, Nein zu sagen. Dann siehst du, dass dein Kind während des Telefonats eure Wand verschönert hat – mit Filzstiften. „Mama, schau mal, das ist ein Boot", sagt es stolz und zeigt auf ein riesiges Bild an der Wand.

Du willst weinen, du willst schreien. Da du weißt, dass das eh nichts bringt, beschließt du mit Kind und Hund rauszugehen. An der frischen Luft ist immer alles besser.

Du holst dir einen Kaffee to go und steuerst den nächsten Spielplatz an. Dein Kind springt sofort in den Sandkasten und spielt ruhig vor sich hin. Du freust dich und kannst heute deinen ersten heißen Kaffee genießen.

Plötzlich siehst du sie: Dörthe! „Bitte geh weiter“, denkst du dir. Aber Dörthe hat dich auch entdeckt und läuft freudestrahlend zu dir, um sich direkt neben dich auf die Bank zu setzen.

„Ich mache Dinkel-Muffins für das Kita-Fest am Wochenende. Mit Dinkel aus eigenem Anbau.“, erzählt Dörthe stolz. „Wenn ich Glück habe, werde ich gleich vom Blitz getroffen“, denke ich mir, während ich sehe, dass ein Gewitter aufzieht.

Mit dem Hinweis auf das Gewitter verabschiede ich mich wieder.

Zu Hause ist auch Papa von der Arbeit zurück.

„Warum riecht es im Wohnzimmer so komisch? Und was gibt es heute zu essen?“, fragt er ganz unbekümmert.

Du spürst, wie die Spannung in deinem Körper steigt. In deinem Kopf wechseln sich Mord- und Fluchtphantasien ab. Fight-or-flight, heißt es so schön.

„Mamaaaa, darf ich noch Schokolade essen? Maaaamaaaa!“, fragt dein Kind.

„JETZT NICHT“, schreist du es an. Dein Kind fängt an zu weinen. Dein Mann schaut dich vorwurfsvoll an. Tja, was für ein Tag.

Abends, als du im Bett liegst, überschlagen sich deine Gedanken:

- Warum schaffe ich den Haushalt nicht?
- Muss ich mich besser organisieren?
- Ob mein Kind wohl einen Vitaminmangel hat?

- Warum verliere ich so schnell die Nerven?
- Ob mein Kind wohl jetzt ein Schrei-Trauma hat?
- Warum bin ich die schlimmste Mutter der Welt?

Es gibt schlimmere Mütter als dich

Wenn du jetzt denkst, du bist die schlechteste Mutter der Welt, dann muss ich dich leider enttäuschen.

Denn im Tierreich gibt es Mütter, denen du in Sachen Versagen nicht das Wasser reichen kannst.

Und hier kommen (Trommelwirbel) die schlechtesten Mütter der Welt:

MAMA-KOALA

Auch wenn du manchmal keine Lust zum Kochen hast und deine Kinder mit Junk Food ruhig stellst, kann Mama-Koala dich noch übertreffen.

Denn wenn das Koala-Baby Hunger hat, bekommt es kein Brot.

Mama-Koala hat eine bessere Idee und serviert ihm ihren eigenen Kot.

MAMA-PANDA

Wer zwei oder mehr Kinder hat, kennt das Gefühl: Wie schön wäre es, wenn es nur eines gäbe. Mama Panda träumt nicht nur, sie lebt ihren Traum.

Als Mama Panda Zwillinge bekommt, ist sie erst einmal schockiert.

Sie hat keine Lust auf zwei und lässt einen zurück. Vielleicht wird er ja adoptiert.

MAMA-SEEPFERDCHEN

Der Vater deiner Kinder kümmert sich zwar manchmal, aber nur halbherzig und die ganze Mental Load bleibt an dir hängen? Dann nimm dir ein Beispiel an Mama Seepferdchen. Sie befreit sich selbst aus der Betreuungsfalle.

Ich liebe das unabhängige Leben. Auf Reisen, Ausschlafen, Pediküre verzichten?

Auf keinen Fall, sagt sich Mama Seepferdchen. Sie lässt die Kinder beim Vater und entledigt sich aller Pflichten.

MAMA-KUCKUCK

Apropos durch Abwesenheit glänzen: Gibst du deine Kinder auch gerne mal übers Wochenende bei Oma und Opa ab, damit du endlich mal wieder Erwachsenendinge machen kannst? Spätestens am Sonntagabend holt dich dein schlechtes Gewissen wieder ein? Dann nimm dir ein Beispiel an Mama Kuckuck. Sie hat das Betreuungsproblem ganz elegant gelöst. Sie lässt ihre Kinder einfach von fremden Eltern aufziehen.

Wenn Mama-Kuckuck erfährt, dass sie ein Kind erwartet, hat sie kein Problem.

Findet sie ein unbewachtes Nest, legt sie dort ihr Ei ganz bequem.

MAMA-HASE

Etwas gemäßigter als bei Mama Kuckuck geht es bei Mama Hase zu. Trotzdem kann man nicht leugnen, dass auch sie keine Lust auf ihre Kinder hat und lieber mit Papa-Hase Cocktails trinken geht.

Den ganzen Tag mit den Kindern im Hasenbau zu hocken, ist Mama-Hase zuwider.

Sie kommt nur einmal am Tag für ein paar Minuten, stillt sie kurz und verschwindet wieder.

MAMA-GIRAFFE

Mama Giraffe glänzt nicht durch Abwesenheit, sondern durch Brutalität. Schon kurz nach der Geburt hat das Giraffenbaby nichts mehr zu lachen.

Sobald die Giraffe Mama ist,
wird sie zu einem kleinen Tyrann,

Sie tritt ihr Baby nach der Geburt so lange,
bis es laufen kann.

MAMA-ADLER

**Brutal ist auch Mama-Adler.
Auch sie hat keine Lust darauf, mehr als ein Baby großzuziehen, will aber auch nicht selbst entscheiden, welches Baby bleiben darf.**

Bei Mama Adler darf nur ein Baby bleiben, also schickt sie alle in den Ring.

Sie kämpfen gegeneinander und der Stärkste gewinnt. Was für ein Ding!

FINISH

MAMA-TASMANISCHER TEUFEL

Auch Mama-Tasmanischer Teufel liebt den Wettbewerb. Auch sie bekommt mehr Kinder, als sie großziehen will. 90 Prozent ihrer Kinder müssen qualvoll verhungern.

Etwa 30 Babys schenkt der Tasmanische Teufel das Leben. Aber sie hat nur 4 Zitzen, dieses seltsame Tier.

Kurz nach der Geburt beginnt das Rennen, die Schnellsten gewinnen. Aus 30 werden 4.

Sie kämpfen gegeneinander und der Stärkste gewinnt. Was für ein Ding!

MAMA-HAMSTER

Hamster-Mama ist nicht nur grausam, sondern auch sehr egoistisch. Wenn Hungry zu Hangry wird, macht sie auch vor ihren Babys nicht halt.

Mama Hamster macht es sich einfach, denn findet sie mal nichts zu fressen.

Dann greift sie kurzerhand zu Messer und Gabel und serviert sich ihre Babys zum Abendessen.

MAMA-TOTEN-GRÄBERKÄFER

Apropos Essen. Die Totengräberkäfer-Mama füttert ihre kleinen Käfer-Babys nur mit echten Delikatessen. Da kann selbst dein schlechtestes Essen nicht mithalten.

Findet Mama Totengräberkäfer ein saftiges totes Tier, legt sie ihre Eier in den Kadaver.

Die Jungen schlüpfen und fressen das Aas. So gibt es kein Palaver.

Du bist eine fantastische Mutter

Wenn du jetzt denkst, oh krass, so eine schlechte Mutter bin ich nicht, aber es gibt doch viel bessere Mamas als mich. Mamas, die sich mehr anstrengen, Mamas, die sich mehr aufopfern. Dann schau dir noch folgende Beispiele aus dem Tierreich an, die es mit der Mutterliebe übertreiben.

MAMA-BONOBO

Mama-Bonobo sorgt selbst für ihre Enkelkinder und hilft ihrem Sohn beim Sex.

Wenn Sohnemann es nicht selbst auf die Reihe bekommt, hilft Mama-Bonobo weiter.

Sie hält Konkurrenten fest, damit ihr Sohn den Akt vollziehen kann. So ist er Erster und nicht Zweiter.

MAMA-KRABBENSPINNE

Wer glaubt, mehr Mutterliebe als beim Bonobo gäbe es nicht, der kennt die australische Krabbenspinne noch nicht. Sie geht sogar so weit, ihr eigenes Leben für das Wohl ihrer Kinder zu opfern.

Wenn der Winter naht, wird das Futter für die Krabbenspinne knapp.

Kurzerhand opfert sich Mama Krabbenspinne und stellt ihren Körper als Nahrungsvorrat zur Verfügung.

Du bist die wahre Super-Mama

Oh mein Gott, denkst du. Ich bin doch nicht die schlechteste Mutter der Welt.

Denn du gibst deinem Kind weder zu wenig noch zu viel Liebe und Aufmerksamkeit.

Und schließlich gibt jede Mutter jeden Tag ihr Bestes im Rahmen ihrer Möglichkeiten.

Und für deine Kinder
steht sowieso längst fest:

DU BIST DIE WAHRE SUPER-MAMA!

Und die Moral von der Geschichte?

Und die Moral von der
Geschicht: Andere Mütter essen
ihre Kinder - du nicht!

Mutter sein ist hart und es gibt keine Tricks. Kinder großzuziehen ist das reinste Chaos.

Also finde dich damit ab und steh dazu. Die beste und die schlechteste Mutter - das bist nicht du!

Auch an Tagen, an denen nicht
alles rund läuft, weißt du,
dass du dein Bestes gibst.
Denn nur das zählt.

Dann lass uns die
unvollkommene Mutterschaft
feiern. Und Grund zum Feiern
gibt es genug.

- die unperfekten Familienmomente
- der unperfekte Haushalt
- die unperfekte Eltern-Paar-Beziehung

Du bist gut, so wie du bist.

Printed by Amazon Italia Logistica S.r.l.
Torrazza Piemonte (TO), Italy

56638391R00047